Drutmar Cremer

BEI MIR PIEPT ES, HERR

Drutmar Cremer

BEI MIR PIEPT ES, HERR

Vögel beten – jenseits Eden

fröhlich
fragend
freiheitlich

freundlich vorgestellt im Bild
von Polykarp Uehlein

Beuroner Kunstverlag

Für Herrn

DR. NORBERT BLÜM

den Bundesminister
für Arbeit und Sozialordnung

den frohen Menschen
den »lustigen Vogel«
den Träger des Ordens
»Wider den tierischen Ernst«

den engagierten Minister

GEBET DES ZAUNKÖNIGS

Meine Freunde
nennen mich
»Wibbelstetz«, Herr.
Was kann ich dafür?
Bin ich nicht
ganz munter
deinem Schöpferfinger
entsprungen?

Immer hüpfe ich
von einem Bein
auf das andere,
auf und nieder,
ein Rumpelstilzchen im
Gebüsch des Waldes,
auf der Jagd nach
Spinnen und Raupen.
Ist das eine Katastrophe?
Besser ist doch,
ich fülle mir selbst
den Bauch mit den Spinnen,
als daß sie elend erfrieren,
wenn es kalt wird
und der Schnee kommt.

Sinnvolle Jagd, nicht wahr?
Wohltat im Kreislauf der Natur.
Und übrigens:
Jagen ist das Werk der Könige.
Ja, ich bin ein König –
im Königreich am Gartenzaun.
Daher mein Name:
ZAUN-KÖNIG.
Na, ist das kein Titel zu Ehren?

Und singen kann ich, Herr,
daß deine Engel,
die Lobsänger deiner Herrlichkeit,
wären sie eben nicht Engel,
eifersüchtig sein müßten
und mich –
den König am Gartenzaun –
jagten
wie ich
die Spinnen.

Und noch eines:
Wenn ich singe, Herr,
werde ich ganz ruhig,
ja geradezu meditativ.
Ich sitze auf einem Fleck
und meine Augen glänzen –
vor Inbrunst
und Dankbarkeit, natürlich.
Warum sonst?

Denn bin ich nicht ein Star,
ich winziger, singender Wollknäuel?
Ein bißchen Eitelkeit, Herr, ein bißchen nur …
vor mir selbst.
Wird dann nicht vieles
im Leben erträglicher?

Ich sehe,
du lächelst …
Ja, ja die Künstler.
Ich weiß,
bei mir »piept« es, Herr.
Laß es Gesang werden.
Dennoch.

Amen

GEBET DES KIEBITZ'

Deine Schöpferliebe, Herr,
ist grenzenlos
und deine Phantasie
kennt keine Maße.

So hast du mich wunderbar
ausgezeichnet durch eine
lange, schmucke Feder am Kopf,
duftig und flott nach hinten gebogen.
Das gibt mir einen lustigen Zug,
eine lockere Anmut
über meinem schwarzen Frack,
dem weißen Hemd
und dem spitzen Schnabel.

Auf jedem diplomatischen Empfang
wäre ich eine auffällige,
stattliche Erscheinung,
ein eigenwilliger Werbeträger
für das Land meiner Herkunft.
Ich komme mit Würde –
das ist doch selbstverständlich! –
und direkten Fluges
aus dem Paradies.

Ich liebe das offene Gelände,
die Freiheit, Herr.
Ich danke dir
für meine liberale Lebenssicht.
Sie macht mich froh und
entzieht mich aller Lebensangst.

Ich führe eine harmonische Ehe.
Du hast mir ein ausgeprägtes Gespür
für Partnerschaft mit
auf den Lebensweg gegeben.
Ist es nicht so?

Ich lasse meine Frau
nie alleine
mit ihren Eiern und den Küken.

Ich eigne mich ausgesprochen
als Hausmann.
Meine Frau hat Freizeit.
Sie muß ja schließlich
wenigstens zum Friseur.
Sonst wäre sie keine Frau!
Ich brüte mit.
Ich suche Nahrung –
hübsche, kleine, knackige Würmer –
für den Nachwuchs.
Ist das nicht modern –
up to date – geradezu?

Jegliche Emanzipation –
»Frauenbefreiung« –
ist bei uns nicht nötig.
Wir haben diesen Prozeß
längst hinter uns.
Wir sind Partner.

Herr, ich schlage vor:
Die Menschen sollten
auf den Kiebitz schauen.
Sind wir nicht beispielhaft?
»Kiebitzen« in meinem Sinne
heißt: ebenbürtig sein,

nicht in Gesetzen und Paragraphen,
nicht bloß auf dem Papier,
nein, im Leben des Alltags. Hei!

Darf ich meine persönlichen Gedanken,
Herr, auch einmal in Versen sagen?
Das gibt dem Ganzen etwas Schwung
und macht zudem
locker und fröhlich.

»Meine Frau, die Kiebitza,
brütet stets nur hier und da.
Ob im Alltag, ob beim Feiern,
auch Herr Kiebitz hockt auf Eiern.
Nun – er fühlt mit keiner Spur
sich als Gegensatz-Natur
und er setzt mit ganzer Kraft
auf erprobte Partnerschaft.

Ihr jedoch, in feschem Hut,
steigt das Neue hoch ins Blut.
Eins bedrängt sie unentwegt:
»Ob ihr Mann auch Eier legt.«

Wie es auch sein mag, Herr.
Alles untersteht deiner Entscheidung.
Nichts für ungut!
Ich bin dein Kiebitz.

Amen

GEBET DES FLAMINGOS

Lebe ich nicht auf
ausgesprochen hohem Niveau, Herr?

Ich stolziere
auf überlangen, dünnen Beinen
in feinstem Rosé.
Das gibt meinem Auftreten
die aparte Vornehmheit.

Mein elegant geschwungener Hals
sorgt für weite Rundschau
und mit meinem breiten Schnabel
seihe ich kleine Fische,
Krebse und Algen –
mein alltägliches Frühstück –
aus den brackigen Gewässern
an den Buchten der See.

Siehst du, wie fähig ich bin,
das Gute vom Unbrauchbaren
zu trennen?
Dank deiner Güte, Herr.
Ich beuge meinen Hals
in Überlängen

*tief ins Wasser –
mein Zeichen der Verehrung.*

*Du verleihst mir
in meinem weißen Gewand
und den dunkelroten
und schwarzen Flugfedern
den Hauch des Erlesenen,
abseits der Menge.*

*Flamingo
hast du mich genannt –
ein südländischer Name, Herr,
vielleicht weil ich wärmere Zonen,
die Sonne der Camargue und
die Hitze Afrikas liebe.
Flamingo!
Hei, der Name zergeht mir
auf der Zunge: Flamingo!
Ein Künstlername.
Wenn ich so behutsam durch
das seichte Wasser schreite,
fühle ich mich wie ein
Tänzer auf seinem Seil.*

*Flamingo!
Bin ich nicht ein köstlicher Vogel,
ein Geschöpf der Extra-Klasse?
Mein Dasein beweist wohl,
daß du sie vorgesehen hast*

in deiner Schöpfung.
Ach, ich glaube, gewisse Leute hätten
an mir keine Freude, jene,
die dafür eintreten, daß
alle den gleichen Anzug tragen.
Ich finde das – mit Verlaub! –
gräßlich.

Ich schreite als Künstler von Rang
durch flache Gewässer
und mit erfahrenem Kopf
über dem Nebel der Welt.
Mein Herz sehnt sich nach
der Wirklichkeit jenseits der Bilder.
Ich balanciere
durch die ungleichen Lasten
der Erde
hinauf zu den Horizonten
unendlicher Freude.

Dank deiner Nähe, Herr,
weiß ich:
Flamingo kommt an.

Amen

GEBET DES KANARIENVOGELS

Herr,
du hast mich zum
Künstler der Stimme gemacht –
dir zur Ehre,
den Menschen zur Freude.

Nimmst du die Ehrung mit Wohlgefallen auf,
wenn ich anstimme:
»Großer Gott, wir loben dich!«
à la canari – in meiner Sprache?

Ich danke dir
für die schönen Kleider.
Grün, gelb, rosé gar –
oder von jedem ein bißchen.
Wunderbar!
Auf jedem Ball fühle ich mich
als Glanznummer
strahlender Lebensfreude –
ganz wie die Menschen.
Sie sollen mich ja gezüchtet haben.

Stimmt es, Herr,
meine Heimat sei Gran Canaria?

Bin ich ein südlicher Exote?
Verständlich, daß mich die Menschen
immer im Käfig halten.
Sonst wäre ich längst schon
im schönen, heißen Süden,
dem Land meiner Herkunft und
der ewigen Ferien.

Zehn Millionen
Brüder und Schwestern soll ich haben
auf der ganzen Welt.
Die Fachleute wissen ja alles –
auch das!
Wird es nicht Zeit
zu einem Weltbund, Herr,
mit eigenem Parlament und
mit eigener Gewerkschaft?

»Kanarienvögel aller Länder
vereinigt euch!
Singt nicht mehr auf ein Kommando!
Piepst nach eig'ner Herzenslust!«

Hört sich das nicht toll an?

Ich laufe über
vor Vitalität,
vor Unternehmungslust.
Ich möchte eine Partei gründen,
ohne Käfig,

ohne Gitter,
in der Wildbahn freien Lebens.
Ich bin ein Zigeuner
des Herzens.

Ich schlage mich selbst
als Gewerkschaftssekretär vor im WKV:
im Weltbund der Kanarien-Vögel.

Ein Programm zur Güte, Herr.
Du hast gelächelt.
Du gibst also den Segen.
Ich danke dir.
Ich nehme die Wahl an.

Amen

GEBET DES DOMPFAFFS

Herr,
als mich dein Atem
ins Leben rief,
hast du wohl an
deine stattlichsten Diener gedacht
in den großen Domen der Welt,
in Schwarz und Weiß und
vor allem mit dem rosenroten Brustlatz.

Das gab mir, ihrem Abbild,
den Namen: Dompfaff.

Ich weiß, Herr:
Adel verpflichtet.
Und ein Dompfaff
gehört wohl zur höheren Daseinsklasse.
Nun! Ich muß ja schon fromm sein.
Diktat des Gewandes.

Ich koste mit Freude
das Beste vom Besten:
die Blüten, Knospen und Beeren
von den Obstbäumen und Sträuchern.
Sind sie nicht Zeichen deines Wohlwollens?

Du sagst doch selbst,
man solle dem »dreschenden Ochsen
das Maul nicht verbinden« ...
Gilt das auch für
deine »erlesenen Vögel«? ...

Aber sag mir, Herr:
Wer ist für meinen Zweitnamen
verantwortlich?
Ich werde auch »Gimpel« genannt.
So nennt man im Volk
einen Menschen voll Einfalt.
Wie unangenehm, Herr, für mich!
Noch mehr, wie peinlich für die Herren im Dor
Aber wie sehr atme ich auf,
daß sich statt des großen »G«
in diesen Namen nicht
ein »S« eingeschlichen hat.
Ich wage es nicht auszusprechen.

Undenkbar wäre das,
unerträglich.
Das machte eine Namensänderung nötig
beim Standesamt, nicht wahr,
wegen Schädigung eines guten Rufes.

Herr,
ich bleibe dir verbunden.
Denn solange es Dome gibt
mit den prächtig gewandeten Herren in Rot,

den ständigen Hütern
deiner Ordnung und Gesetze,
diese Edelknappen deines Reiches,
zumindest auf Erden,
solange wird es auch mich geben,
das Wappentier
einer Gilde von Großen,
die fromm ist in Farbe.

Ihnen die Stattlichkeit,
dir, Herr, die unvergängliche Ehre
und mir einen schmalen Anteil
an der Sonne des Ruhms.

Das reicht zum Leben und
schmeckt noch besser
als die leckerste Kirschblüte
im Garten des Doms.
Und das will
schon etwas heißen!

Amen

GEBET DES RABEN

Stimmt es, Herr,
was meine Gegner immer behaupten,
ich sei ein »Rabenvater«,
nur weil ich meinem schwarzen Buben
im zarten Alter
bisweilen die Schwanzfedern
stramm ziehe und etwas »vogelfest«
– die Menschen würden sagen: handfest –
in die Wirklichkeit einführe,
die wir Leben nennen?

Nein, Herr,
du selbst hast in der Bibel
gefordert – und die ist doch
eine Autorität, unleugbar,
dem Sohn stramme Zucht zu bieten
als Zeichen väterlicher Liebe.
Ich nehme dein Wort ernst.

Bin ich im übrigen nicht
ein toller Pfadfinder,
Fachmann im Aufspüren
von Land?
Frage den guten alten Noach!

Der hat mich aus der Arche
an die frische Luft gesetzt –
liebevoll und mit eigener Hand,
um Land zu finden – erfolglos damals.
Aber das wurde schließlich anders,
als mein weißer Bruder losgeschickt wurde.
Weißt du noch?

Die Taube mit dem Ölzweig.
Sie trägt ihn seitdem im Schnabel,
ein Dauersymbol, leider auch ohne
großen Erfolg in der Welt von heute.
Nicht aus Schadenfreude sage ich das.
Ehrlich!

Eigentlich müßtest du mich
auch manchmal in einem weißen Kleid
auftreten lassen.
Weiße Raben!
Sei offen, Herr!
Kannst du dir das vorstellen?

Sind wir Raben nicht doch –
trotz allem –
Gestalten des Lichts?
Das tröstet und macht mich froh,
auch wenn wir unsere Nahrung
heute auf den Müllhalden finden.
Aber auch das sehe ich positiv.
Du nicht auch?

Wir sorgen für Hygiene.
Nützliche Abfallbeseitiger.

Herr,
du schaust tiefer und
findest für alles
deine eigenen Lösungen.
Schwarze Raben,
manchmal weiß.
Weiße Raben,
nicht selten schwarz.
Das soll auch bei den Menschen vorkommen –
Bilder des Lebens.

Ich krächze dir
mein »Amen« in
Schwarz und Weiß.
Und ich bin sicher:
Du hörst und nimmst es an.
Krak, krak!

Amen

GEBET DER SCHWALBE

Herr,
die Menschen sagen immer lachend:
»Eine Schwalbe macht noch keinen Sommer!«
Darum fallen wir auch in großen Scharen ein,
wenn du den Sommer gedeihen läßt.
Also, ob wir Schwalben eine gute Presse
haben – bei den Menschen –
und ob wir zum Symbol
des Angenehmen, des Wachsens und
des Reifens werden,
das liegt allein in deiner Hand, Herr.
Schenke uns warme Sommer, und –
ein bißchen pünktlich, wenn ich
bitten darf.
Offen gestanden, Herr,
deine Pünktlichkeit
ließ Wünsche offen
in den letzten Jahren.

Eines hast du uns ja ins Blut gesenkt:
Eleganz.
Unser schmaler Körper in Schwarz und Weiß,
unsere rotbraune Stirn und Kehle,
unsere feinen, schnellen Schwingen,

unser flinker Flug –
hoch oben in der Luft,
wenn Hochdruckwetter herrscht –
und im Sturzflug tief am Boden,
wenn Regen kommt,
und dann die depressiven Mücken
in Bodennähe tanzen,
das alles macht uns viel Vergnügen
und schenkt uns unzählige Freunde.

Ja, wir sind beliebt
auf dem Karussell deiner Schöpfung,
auf dem Laufsteg der Vorführkunst.
Wir führen unsere Schönheit
und deine Liebe vor.
Denn du hast uns alles geschenkt,
auch das geschmackvolle Repertoire
unserer Kleidung –
und wir brauchen sie nie zu wechseln
wie die Mannequins –
wir sind immer schön
und einsatzfähig.

Wir danken dir aber auch,
daß du uns so viel Spucke gibst,
unsere eigenen Nester
an die Dächer der Häuser
und Ställe zu kleben.
Wir sind Architekten
von Gottes Gnaden.

Und wir danken dir
für unsere Zweitwohnung
in Afrika,
leicht zu beziehen,
ohne Steuerlast,
ohne Lufthansa,
ohne Luxusdampfer,
nein, auf eigenen Schwingen,
überquellend vor Lebensfreude.

Herr, du bist herrlich.
Du gibst uns immer,
was wir erträumen.
Wir fangen vor Freude
eine dicke Sommermücke
und verspeisen sie genüßlich –
nur zu deiner Ehre. Was sonst!?

Amen

GEBET DES KUCKUCKS

»Ei zum Kuckuck!«
sagen die Menschen, Herr,
wenn sie ärgerlich sind.
Ist das verwunderlich?
Ich finde nicht.

Wir legen halt gern
unsere Eier in fremde Nester –
soll übrigens auch
bei den Menschen vorkommen.
Ich nenne das Arbeitsteilung.
Ist das nicht aktuell
in einer Zeit,
in der Arbeit knapp wird?
Wir haben den Trend der Zeit erkannt.
Wir teilen.
Die anderen sind fleißig,
wir aber fruchtbar.

»Wer hat mir denn
dieses Kuckucksei
ins Nest gelegt?«
fragen sie dann verwundert.
Naiv, nicht wahr?

Sollen auf ihr Gelege besser aufpassen
oder eben …
brüten.

Ich gebe derweil
den Ton des Lebens an
von Sonnenaufgang bis zum Untergang. –

»Kuckuck! Wie lang' werd'
ich leben?«
rufen mir die Kinder zu.
»Kuckuck! Kuckuck!«
Vierzigmal, fünfzigmal,
achtzigmal …
je nach Intuition und Lust
antworte ich.

Und manchmal lasse ich –
zugegeben ein wenig spitzbübisch –
warten.
Dann fange ich wieder an.
Ein seltsames Spiel.
Aber ist es nicht so, Herr:
Jeder, der leben will,
muß warten können …
Kuckuck! Kuckuck!

Frisch aus Afrika zurück,
im Frühling,
balze ich meine Lebenszuversicht

in die Welt.
Und alle hören mir zu:
Kuckuck! Kuckuck!

Eigentlich müßte ich
einen Orden bekommen:
den »Kuckuck-Orden«.
Denn ich führe die Menschen
zu atemloser Stille
und zum Hören ...
Kuckuck! Und alle hören.
Neugierde macht still.
Bisweilen.

Nur zwei Silben
haben mich berühmt gemacht: Kuckuck!
Und einflußreich,
gleichsam zum Herrn
über Leben und Tod.
In Absprache mit dir, Herr.
Wie könnte ich anders?

Darum auch dir
mein frohes »Amen«
in zwei Silben:
Kuckuck.

GEBET DER NACHTIGALL

Herr,
alle lieben mich,
jung und alt,
die romantische Oma,
der treuherzige Witwer,
die innig Verliebten …
Ob ich deshalb so gern
in den Parks Quartier nehme,
an den Promenaden der Liebenden?

Ich danke dir, Herr.
Du hast mir zwar
ein schlichtes Gewand gegeben:
ein Leibchen in Weiß und Beige,
ein Häubchen in hellem Braun,
das ist sie schon,
meine »große Toilette«.
Aber eine Stimme
hast du
mir
geschenkt, die gleich
ans Herz rührt …
Spitzenklasse.
Sopran von Weltniveau!

Sag es, Herr,
wenn schon nicht laut,
dann mir leise ins Ohr:
Bin ich nicht ein »toller Vogel«?
Eine Maria Callas in Federn sozusagen?

»Die Nachtigall schlägt!«
sagen die Menschen und
halten den Atem an.
Ja, ich schlage und jubiliere,
ich lasse meine Zunge schnellen,
aus reiner Lust am Leben.

Ich bin kein Schmarotzer
deiner Schöpfung.
Ich bin ihr Lobsänger –
ohne Konzertgage – nahezu.
Nur ein paar winzige Spinnen
jage ich.
Na ja, ich schmatze auch
ganz gern ein paar saftige Schnecken,
aber nur die kleinen,
oder einen Tausendfüßler,
der sowieso auf zu großem Fuß lebt,
nicht wahr?

Ich selbst bin einfach und
mit der Einfachheit zufrieden.
Nun, ich gebe zu:
stolz bin ich auch.

Wäre ich ein Mensch,
würde ich rot bei diesem Bekenntnis,
pflichtgemäß natürlich,
der sogenannten Demut wegen.

Ich wünsche mir viele »Vorhänge«
trotz meiner verborgenen Lebensart,
Vorhänge, die auf und zu gehen
bei meinen Konzerten vor der
Kulisse Natur. Denn –
Kunst braucht Anerkennung.

Und ich wünsche mir den Vorhang
deines Schutzes.
Denn wir sterben aus,
sagen die Fachleute ...
Ein bißchen arrogant, nicht wahr?
Gibt es einen besseren Fachmann
als dich, Herr?
Und du liebst uns.

Amen

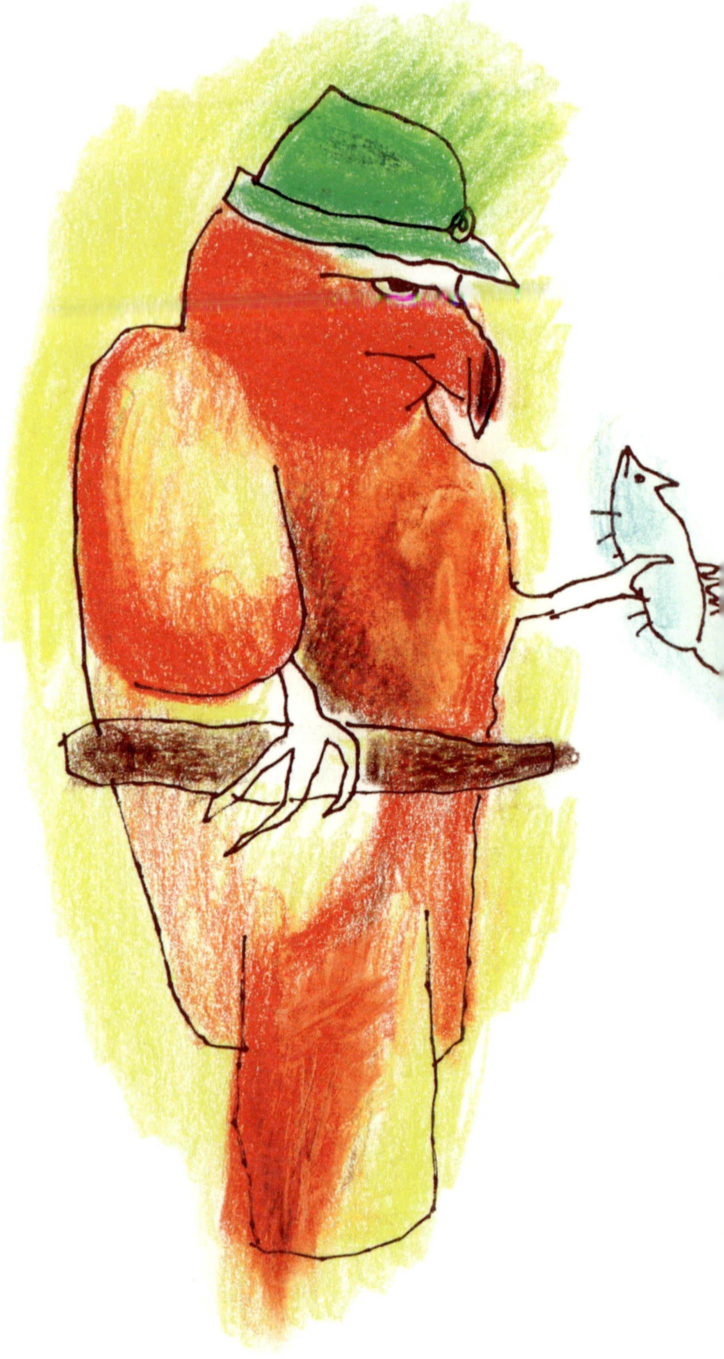

GEBET DES MÄUSEBUSSARDS

Du hast mir
großartige Gaben ins Nest gelegt.
Ist es nicht gut und gerecht, Herr,
die positive Lebensqualität
zu sehen und dafür zu danken?

Wie viele trauern,
daß ihre Träume
angeblich Träume bleiben.
Realitätsverlust.
Sie bleiben ewig traurig.
Kaum geboren, singen sie schon
ihre eigenen Beerdigungslieder
und selbst dabei können sie
nicht einmal den Ton halten.
Sie »detonieren« – sagen
die Musiker.
Wieviel im Leben
hängt doch vom »guten Ton« ab?

Ich bin rundum zufrieden
mit meinen Aufgaben:
Polizist bin ich
auf Wiesen und Feldern.

Ordnung halte ich im
Haushalt und Kreislauf der Natur.
Ich genieße täglich
herrliche Jagdfreuden
und werde zudem auch selbst satt dabei.

Die Menschen behaupten, sie könnten
»zwei Fliegen mit einer Klappe schlagen«.
Übrigens, unter den Menschen
soll es viele geben
mit einer »großen Klappe«.
Wie es auch sei,
mit Fliegen gebe ich mich nicht ab.
Unwichtiger Kleinkram
für einen Mann meiner Statur,
nicht wahr?

Aber stundenlang beobachte ich
von meinem hohen Zaunpfahl
die Mäuse und Kaninchen,
die Wiesel und Ringeltauben.
Und dann kommt
der richtige Augenblick,
und ich beseitige
meinen Hunger –
und die Mäuseplage.
Auch die Kaninchen lehre ich
das Laufen um ihr Leben,
wenn ihrer zu viele werden.
Zum Nachtisch die Ringeltaube.

Heißa! Die Säfte meines Magens
hüpfen vor Freude.
Sag, Herr, wie könnte ich
miesepetrig und unzufrieden sein!

Ich sage Ja zu mir,
weil ich Ja sage zu dir.
Ist das kein Glück?

Mein Schnabel ist messerscharf.
Er dient meinem Alltag.
Aber er ist auch gekrümmt,
ein Zeichen meiner Hingabe und
Verehrung vor dir.
Ich breite meine Schwingen aus.
Stumme Anbetung, Herr.
Ich weiß, du siehst es.

Amen

GEBET DES SEIDENSCHWANZES

Herr,
wenn du mich nicht kennen würdest,
müßte ich mich vorstellen, nicht wahr?
Im Stil des Personalausweises
– »datengeschützt« selbstverständlich –
hieße es knapp: »Kleiner Dicker!«
In gepflegtem Deutsch
müßte es lauten:
vollschlank,
aber von hinreißend eleganter Statur.
Unterstützt von feinster Robe:
bestes Gefieder,
zarte, grau-braune Farbe
im Seidenglanz,
breites, gelbes Schwanzende,
leicht rosige Haube.

Herr, mein Kompliment!
Wie aus einem Guß!
Ich bin offensichtlich
ein Geschöpf deiner Muße.
Darf ich es lächelnd im Reime sagen?
»Du machtest still dein Auge zu
und schufst mich in der Sonntagsruh.«

Das klingt zwar gegen die Bibel,
aber meine Intuition mag dennoch stimmen.
Ich bin eine Art
»Nachtisch« deiner Schöpferlaune,
aber ein saftiger.

Pierre Cardin und Jil Sander
bekämen wohl Stielaugen,
wenn sie mich mit Bewußtsein musterten.
Aber welcher Modeschöpfer,
sag' es selbst,
schaut heute auf die Schönheit
deiner Schöpfung?
Nein! Die schauen auf Umsatz,
Extravaganz ist ihr Kennwort.
Hoppla! Hab' ich zuviel gesagt?
Verzeih! Immer mein schnelles Mundwerk!

Wie es auch sei,
ich bin ein Vorzeige-As.
Nicht jeder Mensch zeigt sofort
seinen Vogel.
Mich zeigen die Menschen
gleich mit Stolz,
leider meist nur hinter Gittern,
in einem Käfig.
Das ärgert mich.
Ich bin doch keine Harems-Natur!
Ich liebe die Freiheit,
die selige Freiheit.

Du verstehst es, Herr,
daß ich am liebsten in Sibirien
schmackhafte Insekten jage
und leckere, saftige Früchte sammle
und nur noch im äußersten Notfall
nach Europa fliege.
Denn ganz im Gegensatz zu den Menschen
habe ich dort meine volle Freiheit und
meinen ungeschmälerten Frieden.

Ach, Herr,
wie widersinnig ist oft die Welt!
Bisweilen sogar auf den Kopf gestellt.
Aber dennoch, wie gut und wie schön,
daß du sie geschaffen hast.
So piepse ich unbeschwert:
Heißa! und Amen!
Ganz dein Seidenschwanz.

GEBET DER NONNENGANS

Bin ich nicht eine
beachtliche Erscheinung, Herr,
nicht, weil ich schnattere –
wir schnattern nicht,
wir sagen nur nachdrücklich
unsere Meinung –
sondern mein stattliches Auftreten,
mein feiner Kopf
mit dem langen, schwarzen Schleier
und einem schmalen, weißen Halsring
vermitteln diesen Eindruck.
Ich sehe aus wie eine Nonne,
wie eine fromme,
versteht sich …

Herr,
seit den frühen Jahrhunderten
gelten wir Gänse allgemein
als Sinnbild der Wachsamkeit
und der Unbestechlichkeit,
aber auch als Vogel
der geschwätzigen Weisheit
im hohen Alter.
Mit Verlaub, Unsinn, Herr!

Wachsam? Ja!
Unbestechlich? Ja!
Schon auf dem Kapitol in Rom.
Aber geschwätzig? Vehement nein!
Eine Nonnengans
ist nicht geschwätzig.
Eine Nonnengans ist schön
wie die Königin von Saba
und schweigsam wie der heilige Josef
in Betlehem.
Na ja, nicht alle,
aber die meisten.
Aber keiner von uns hat
durch Geschwätzigkeit
den heiligen Mönch Martin verraten,
als er sich versteckte,
weil er nicht
Bischof von Tours werden wollte.
Das waren damals ganz bestimmt
Wildgänse, die heute noch
»durch die Nacht rauschen«.

Aber im übrigen, Herr,
in dein väterliches Ohr:
Gans hin – Gans her –!
Ist es nicht sehr menschlich,
daß Martin Angst hatte?

Dann ist es doch leichter,
eine Nonnengans zu sein

und gemästet zu werden
zum Weihnachtsbraten,
der das Herz der Menschen erfreut.
Oder als gerupftes Federvieh
sich bleibend in Erinnerung zu halten
durch weiche Daunen.

Offen gesagt:
Dir die Ehre,
den Menschen den Braten,
die Daunen, die Leberpastete …
Mir dein Wohlwollen als Nonnengans.
Gack! Gack!
Nicht geschnattert, aber von Herzen.

Amen

GEBET DES BRAUNKEHLCHENS

Ach, Herr,
es bedrückt mich,
daß unsere Volkszählung so
mager ausfällt.
Wir sind offenbar eine
sterbende Rasse.
Kein Wunder,
daß wir zum »Vogel des Jahres«
werden.
Wir werden immer seltener
und dabei sind wir so ansehnlich,
wir, mit unserem dezent
schwarzen Mantel,
dem prächtigen dunklen Hut
mit weißem Band.
Lustig sieht das aus, Herr,
und flott.

Unser Name aber:
Braunkehlchen –
das weiß jeder –
stammt von unserer
Vorderseite
in hellem Braun.

Wie bin ich erleichtert, Herr,
ehrlich!
Ich atme auf,
daß wir älter sind als
tausend Jahre.
Sonst wäre letztendlich
unser Brustlatz noch
ein markantes Zeichen dafür,
daß wir verschwinden –
verschwinden müssen aus
purer Vergangenheitsbewältigung.
Nicht auszudenken!
Gott sei Dank, wir sind
keine »braunen Vögel«.
Wir haben die berühmten
tausend Jahre
als harmlose Vögel
alle überlebt.

Natürlich waren wir
damals naive Mitflieger.
Auch wir haben doch
tatsächlich »tausend Jahre«
Mücken im Flug gefangen –
wer kann das schon so wie wir?
Wir haben Artistenblut in uns.
Aber das verdanken wir
nicht dem braunen Zeitalter.
Das ist Gabe – von dir.
Ich mache einen Knicks, Herr.

Aber nun
gib uns die Chance,
wieder zahlreicher zu werden.
Gib uns einen Tip,
den kalten Regen besser
zu überstehen.
Oder sind wir nur verwöhnt und
nicht genügend abgehärtet?

Gib den Menschen neue Ideen –
sie müssen ja nicht
unbedingt grün sein –
sie müssen nur ein Herz haben.
Gifte, die Blattläuse meinen,
uns aber bitter treffen,
sind nicht gerade die
genialsten Erfindungen
unseres Jahrhunderts.
Das wirst du uns bestätigen.

Sorge auch, daß die Sahel-Zone
weit unten in Afrika
uns wieder angenehme,
winterliche Kuraufenthalte
möglich macht.
Du hast uns doch auch –
allerdings ist das unendlich lange her –
in die Arche Noach gerettet,
um dann einen endlosen Regen zu schicken.
Laß solche Regen

auch in Afrika einmal niedergehen,
kräftig und dauerhaft.
Das rettet uns und viele Menschen.

Aber warum sollten wir dir
ökologische Rezepte geben?
Absolute Anmaßung wäre das!
Wenn dein Freund Mose schon
mit einem bloßen Stab Wasser
aus dem Felsen schlägt und
das mitten in der Wüste,
welche Probleme solltest
du
dann noch haben?

Mit einem Augenzwinkern, Herr:
Wir brauchen doch nur
ein paar Mücken und Heuschrecken
und ein kleines Nest im Gras,
Wir vertrauen auf deine Güte
und unseren Humor.

Dann werden wir zahlreicher wie
die Sterne am Himmel.
Bevor wir unser »Amen« stammeln, Herr,
dürfen wir sicher noch hauchen:
»Kaum zu erträumen –
wäre das, Herr!«

Amen

GEBET DES EICHELHÄHERS

Herr,
ich bin der
»zerstreute Professor«
unter deinen Lieblingen
am Himmel.

Denn ich sammle Vorrat
fast so intensiv wie das Eichhörnchen:
Eicheln, Bucheckern,
Kastanien und Haselnüsse.
Aber den Ort,
wo ich sie verstecke,
den finde ich oft nicht wieder.
Mir fehlt zum eigenen Schaden
der innere Kompaß,
der echte Orientierungssinn.

Ist es nicht gut, Herr,
daß ich fliege
und nicht Auto fahre?
Jede Einbahnstraße würde
ich garantiert gegen die
Fahrtrichtung steuern.
Ich glaube, alle Politessen

müßten Überstunden machen, –
von wegen 35 Stunden
pro Woche.
Ich würde zum »Gewerkschaftsvogel«.

Aber meine Wendigkeit und mein Fleiß,
sind weit bekannt, Herr:
in ganz Europa, in Rußland und
bis hinüber ins östliche Japan.
Immer unterwegs,
immer als Sammler.

Plötzlich aber wächst
an unerklärlicher Stelle
mitten im Buchenwald
eine Eiche
und unter Kastanien
ein Buchenbaum.
Das Werk meiner Vergeßlichkeit!
Ist das nicht so
wie bei den Menschen?

Herr, ich danke dir,
daß ich das Leben so unbeschwert
nehmen darf, wie du es
mir geschenkt hast,
ja sagend, auch zu den Schatten,
die nur da sind,
weil du vorher
das Licht geschaffen hast.

Nur meinen größten Feind, Herr,
laß mich todernst nehmen,
den Habicht –
diesen Spitzbuben erster Klasse.
Aus meiner Sicht,
versteht sich.

Könnte ich dich sehen, Herr,
ich würde dir
meine typische Kennkarte anstecken:
die schwarz-weiß-blaue Feder.
Bargeldlose Clubkarte meiner Gilde.
Freier Eintritt in dein Paradies.
Nichts anderes.

Amen

GEBET DES SCHWANS

Wer kann sich so elegant
in Szene setzen,
wer so herrlich in
die Brust werfen
wie ich, Herr?

Bin ich nicht
wie eigens geschaffen
für illustre Kulissen
der Repräsentation,
für poetische Stimmung
und idyllische Mondscheingefühle?

Herr, ich lächle über mich selbst.

Kaum ein Stadt- oder Schloßteich
von Format – ohne den stolzen Schwan
plus ehrenwerter Gemahlin.
Wir rudern gelassen im
flirrenden Licht des Wassers
mit unseren hochgestellten Flügeln,
mit dem stilvollen Schnabel in Orange,
dem langen, vornehmen Hals,
mit unseren dunklen Augen.

Wir paddeln dahin wie ein
Köln - Düsseldorfer Rheindampfer,
nur mit der nachdenklichen Gravität
eines fast unnahbaren Souveräns.

Viele Liebeslieder nennen in
ihren Texten die Schwäne.
Das reimt sich auch so schön auf
Träne und Seine, nicht wahr?

Wie viele Liebespaare
sehen mich bei ihren Erinnerungsfotos
als fotogenen Vordergrund!

War das immer so, Herr?
Und warum?
In alten Tagen – so las ich –
soll es vorgekommen sein,
daß sich ein liebender Mann
in einen Schwan verwandelt hat.
Der Göttervater Zeus zum Beispiel.
Wenn der kein Zeuge ist!
Und wir Schwäne sollen bisweilen
prophetisch die Zukunft deuten.
Orakeltiere sollen wir sein –
nach Meinung der Menschen.

Wie es auch sei,
ich danke dir, Herr,
daß ich so schön bin.

Bin ich selbst der Grund für diese
phantastische Ausstrahlung?
Ach, Herr,
wie könnte ich so dumm sein,
das zu glauben!
In einem munteren Operetten-Chanson
lautet der Text:
»Was kann der Sigismund dafür,
daß er so schön ist?«

Nein, Herr,
er kann gar nichts dafür.
Du bist der Geber.
Alles ist dein Werk.

Darum soll mein »Schwanengesang«,
also mein allerletztes Lied,
mit den Worten enden:
Herr, ich komme zurück
in Freuden zu dir.

Amen

GEBET DER ELSTER

Eigentlich bin ich überall zu Hause.
Nicht, weil ich wie ein
Zigeuner umherziehe, Herr.
Ich bin ein Allesfresser,
brauchbar in allen Breiten:
in Afrika und Irland,
in Kalifornien und Alaska,
in Europa und im östlichen Rußland,
am Mittelmeer, überall ...
Mit mir, Herr, hast du dir
eine glänzende Idee erlaubt.

Was Wunder,
daß ich auch schon bei deiner
Geburt in Betlehem anwesend war.
Damals war ich noch total schwarz
und saß hoch oben im Gebälk –
weißt du noch? –
in diesem armseligen Stall
bei Betlehem.

Da geschah es, daß drei Könige kamen,
diese farbigen Gestalten
aus dem fernen Morgenland,

mit all ihrem exotischen Duft,
den vielen Tieren und mit
ihren merkwürdigen Gaben.

Sie wurden von einem zappeligen
Stern angeführt,
der seinen riesigen Schweif abwarf
und alles ringsum erleuchtete.

Er hat mich damals gestreift
und einen Teil meines Gefieders
weiß gefärbt, weiß wie die Engel
in ihrem Sonntagskleid.
Seitdem – sagen die Menschen –
sei ich auf der Jagd nach
allen glänzenden Dingen der Welt.
Sie schimpfen mich »diebische Elster«.
Ein bißchen hart, Herr.

Ich gebe ja zu,
Ringe und Ketten und farbiger Schmuck
ziehen mich an, wenn sie
blinkend im Sonnenlicht und
überdies ungeschützt
im offenen Fenster liegen.

Schönheit lockert
die Moral!
Das ist halt so
seit den Anfängen der Welt.

Es mag ja sein,
daß mir dies angeboren ist:
Kleptomanie
nennen es die Menschen,
also bei mir der Zwang,
meinen Schnabel länger zu
machen als es sich geziemt.

Herr,
ich bin zu vielem brauchbar
in aller Welt. – Du weißt es.
Aber in diesem Punkt bin ich
ein »seltsamer Vogel«.

Hab' Erbarmen und verschaff'
mir dennoch
ein Plätzchen im Himmelreich.
Du sorgst mit Vorliebe
für die Vögel –
sagt die Bibel –
und die hat ja immer recht.

Verschaff' mir also
ein luftiges Bäumchen
im Paradies,
aber ein schönes, helles,
das mich glücklich macht,
wenn ich bitten darf.

Amen

GEBET DER MÖNCHSGRASMÜCKE

Du hast
mir einen erwählten Namen
zugeteilt, Herr,
erfüllt von Klang und Farbe:
Mönchsgrasmücke.
Warum nur?

Heiße ich Mönch
wegen meines schlichten,
ja eintönigen Gewandes
in Grau und Schwarz?
Oder weil ich mit den
kleinen Dingen der Natur
vorlieb nehme?
Mit den Ameisen und den Blattläusen,
den Larven und Würmern?
Aber in deiner Güte schenkst
du mir immer einen
leckeren Nachtisch:
Holunder und Brombeeren,
Vogelkirschen und
die Frucht der Eberesche.
»Den Seinen gibt es der Herr
im Schlaf!« – Sag':

Bin ich nicht bibelfest?
Verständlich bei meinem Namen,
nicht wahr?

Du beschenkst mich
Tag für Tag
und machst mich sorglos
mit den Kleinen im kleinen.

Berühmt soll meine Stimme sein –
sagen die Menschen.
Sie fangen mich und sperren
mich in einen Käfig,
damit ich ihnen vorsinge.
Eigentlich doch eine Unverschämtheit!
Mangel an Einfühlung!
Gesang im Gefängnis!
Vielleicht erwarten sie
auch noch das Kirchenlied:
»Bis hierher hat mich
Gott geführt!«
Was sagst du dazu?

Aber dir
singe ich vor, wohlklingend
und mit einem Jubelton.
Nach deiner Vorstellung
müßte ich singen:
»Herr, ich komme.
Ich komme zu dir.«

Nun ja, ich gebe zu,
für die Oper bin ich nicht geeignet.
Dafür bin ich zu winzig,
aber für Kammermusik
und für einen Mönchschor
wie geschaffen.
Das ist anspruchsvoll!
Du weißt es, Herr.
Im Rundfunk kommt solch ein Gesang
nur im Zweiten Programm!
Kein Massenangebot!
Aber alles dient deiner Ehre
und vielen zur Freude.

Ich stelle mir vor:
Im Himmel
werde ich auf deinem Zeigefinger sitzen
und einen Choral pfeifen.
Ich weiß,
du wirst lächelnd zuhören.
Denn die Ewigkeit ist
keine Sanduhr,
die zerrinnt.
Sie ist endlose Zeit,
immer da, immer
voll bunten Lebens.
Das wird mein Glück sein,
ja, meine Seligkeit.

Amen

GEBET DER FELDLERCHE

Tirili! Tirili!
Ich bin ein Aufsteiger, Herr,
steil und gerade.
Tirili! Tirili!
Dir gilt mein Lied,
voll Optimismus und Lebensfreude.
Du hörst und siehst mich.

Herr, ich kenne keine Zweifel.
Ich bin kein Grübler.
Ich steige singend auf
zur hohen Warte
deiner lichten Horizonte.
Tirili!

Aber ich bleibe der Erde treu.
Auf dem Höhepunkt meines Liedes
steige ich plötzlich ab,
im Sturzflug zur Erde.
Hei, wie das Spaß macht!

Du hast mir ein
so einfaches, schmuckes Kleid gegeben
in hellem Braun mit weißen Strichen

und mit einer Haube dazu.
Wie gekrönt sehe ich aus.

Und im Spiegel –
wer schaut nicht hinein? –
erkenne ich meine klugen, wachen Augen
Denn ich liebe das Leben, bejahe es.
Das zeigt mein Gesang.

Ach, wie sehr mußt du mich lieben,
daß ich so aus freier Brust singen kann,
ohne Lehrmeister,
ohne Ausbildung,
ohne Konservatorium –
nur durch deine Gaben.

»Ich bin,
also singe ich.«
Mein Leben ist ein einziges Lied.

Nur eines:
Müssen die Menschen unseren Lebensraum,
die Felder und Gärten vernichten
mit Unkrauttod
aus großen Spritzen?

Warst du nicht klüger, Herr?
Du hast befohlen,
alles Unkraut wachsen zu lassen
bis zum Tag der Ernte.

Und übrigens: Woher wissen
die Neunmalklugen,
was Unkraut ist und Ungeziefer?
Sind wir etwa auch Ungeziefer?
Wir Lerchen, Kohlmeisen
und Spatzen, die Libellen,
Heuschrecken und Spinnen?

Mache die Erde nicht »vogelfrei«.
Erneuere ihr Angesicht.
Tirili!
Ich danke dir.

Amen

GEBET DES STARS

Herr,
ich bin dein Star!
Ist damit nicht schon
alles
gesagt?

Man sagt mir nach,
ich habe
einen komischen Gang,
ich schreite nicht
in Würde – wie der Storch,
ich hopse nicht – wie die Amsel,
ich bewege mich auffällig!
Mag sein, Herr! Mag sein!
Vielleicht habe ich
ausgeprägte Anlagen zum
Komiker.

Aber wenn ich
dein
Star bin,
reicht das nicht?
Ich fühle mich nicht geeignet
für einen Schönheitswettbewerb.

Die einen schreiten,
die anderen flattern,
schnupfen oder schnäuzen.
Ich trete auf wie
ein »seltsamer Vogel«,
wie ein Komiker,
ein begabter, klar!
Schließlich muß ich ja
nicht gerade ein Empfangschef sein
im Hotel »Vier Jahreszeiten«
oder Butler im Buckingham-Palast.
Jeder hat sein eigenes Maß –
von dir.

Ich bin jedenfalls
dein Star,
und ich danke dir,
daß ich es sein darf.
Ich bin keine Serienidee,
kein Fließbandprodukt.
Ich bin einmalig.
Nicht gerade
ein Superstar,
aber eben ein Star,
selbst in den Nebenrollen
deiner Schöpfung.

Und noch eins:
Ich liebe die Gemeinschaft.
Ich danke dir auch dafür.

Hast du schon in deinem Wohlgefallen
zugeschaut – im Herbst,
wenn wir in Scharen gemeinsam
Sturzflüge üben?
So gekonnt,
so wendig,
so einträchtig,

als lenke uns ein geheimer Pfiff
oder hingen wir,
den Marionetten gleich,
alle an Fäden.

Na bitte, wer kann das sonst?
Vielleicht die Braunkehlchen noch.
Vor allem aber wir,
die weißgepunkteten Akrobaten
der Sturzflüge aus hohem Himmel.
Wir sind Zauberkünstler der
Orientierung. Grandios!

Herr, ich weiß,
mein schönster Sturzflug
landet bei dir
zwischen Himmelschlüssel und
Vergiß-mein-nicht.
Ich danke dir.

Amen

GEBET DES STRAUSS'

Herr,
ich bin dein Diener
auf den Steppen Afrikas.
Wie gut!
Du hast mich für
die freie Wildbahn geschaffen,
gerüstet zum Kampf
um Leben und Tod
in den unendlichen Weiten.
Ich danke dir.

Denke nur,
der »Alte Fritz« hätte mich entdeckt,
der Preußenkönig.
Er hätte mich ohne Zweifel
gleich zum Wappentier gewählt.
Denn ich bin konkurrenzlos
der Größte,
von Kopf bis Fuß 2,60 m.
Ein Gardemaß nach
Preußens Gloria.

Kannst du dir das vorstellen?
Ich im Preußenheer?

Unmöglich!
Ich liebe die Freiheit
der Steppen und Wüsten,
nicht den Drill der Kaserne.
Nicht eine Uniform mit Silberknöpfen
könnte mich glücklich machen,
nein, nur die lustigen Federn
an meinem Schwanz,
die Symbole meiner Lebensfreude.

Ist es ein Wunder, Herr,
daß die Damen der hohen Gesellschaft
und – ehrlich gesagt! auch solche,
die sich selbst dazu zählen,
ganz närrisch sind auf
meine zarten Schwanzfedern?
Sie tragen die Federn am Hut –
und ich muß sie liefern –
kiloweise.
Ich weiß um deine Güte, Herr.
Du verzeihst alles,
selbst Putzsucht, nicht wahr,
und Eitelkeit.
Auch sie ist ja deinem
Schöpfungsfinger entsprungen.

Im übrigen, Herr,
leise in dein Ohr:
Ob viele der Edeldamen
eigentlich ahnen,

daß sie in meinen Federn aussehen
wie Nachteulen auf Tagesurlaub?

Aber ich trage meine Federn
am Schwanz stolz.
Bei mir sind sie ja auch
Originalausgabe deiner Schöpfung.

Viele halten mich für
einen Heuchler und Simulanten,
weil ich mit meinen kurzen Flügeln
schlage und nie fliege,
immer nur laufe.
Unsinn, Herr, und Eifersucht!
Denn wer von diesen Sonntagspredigern,
wer von diesen Bauchrednern der Wahrheit
hat je meine Schrittlänge bemerkt?
Vier Meter in einem Schritt
und in Windeseile dazu,
ohne Atemschwäche,
ohne Müdigkeit.

Verzeihe, Herr,
wenn ich träume:
Wäre ich nicht eine Glanznummer
als himmlischer Briefträger?
Sie käme gewiß pünktlich,
die Post des Himmels,
unfrankiert zudem,
zugestellt aus reiner Lebenslust,

mit der Erdenpost überhaupt
nicht zu vergleichen,
dieser frankierten Langeweile!

Nicht wahr, Herr,
Sensationen, Nachrichten
und Gerüchte sind selbst
im Himmel immer gefragt.
Du weißt es, Herr:
Engel sind neugierig.
Sonst wären sie nicht überall dabei,
na ja, in höherem Auftrag,
zugegeben.

Aber: »Postillon d'amour!«
Wäre das kein prächtiger Titel
für mich,
deinen himmlischen Briefträger,
der Silberstreifen meiner Zukunft
im Himmel?
Ich borde über, Herr,
vor Glück.

Es geht eine unglaubliche Kunde
durchs Land. –
Ich steckte meinen Kopf in den Sand,
aus Lebensangst, aus Dummheit auch.
»Vogel-Strauß-Politik«
nennen sie das,
diese Freizeit-Meinungsmacher.

Märchen, Herr,
nichts als Märchen!
Illustriertenweisheit.
Ich stelle mich dem Leben.
Denn ich liebe es.

Nein, bei allem dummen Gerede
und bei allem farbigen Geschwätz.
Ich bin einmalig.
Ich bleibe der Größte, Herr.
Es gibt wahrlich viele Vögel.
Aber nur
einen
Strauß.

Amen

GEBET DES FASANS

Ich liebe die Gemächlichkeit
weiter, offener Flächen.
Ich bleibe gern mit beiden Füßen
auf dem Grund der Erde.

Ich bin schön genug, Herr,
mit meinem Goldschwanz
und dem stolzierenden Schritt.
Gravität, Herr, Gravität!
Damit ist doch alles gesagt.
In einer Hansestadt könnte ich
Ratsherr werden – weißt du –
mit großer, weißer Halskrause
auf schwarzem Talar.
Aber solche Würden in
Schwarz und Weiß
gibt es längst nicht mehr,
heute im Zeitalter
der Turnschuhe und Jeans,
tragbar selbst
im Theater und Konzert.
Aber Ehrendomherr…
Ja, das läge mir.
Um mein Auge trage ich

schon einen brennend roten Fleck.
Und in meinen Augen blitzt Würde,
von Natur aus, gewiß,
nicht gespielt.

Warum sollte ich hochfliegende
Pläne hegen?
Nein, ich bleibe der Erde treu.

Ich danke dir, Herr,
für meine Würde.
Du weißt es, Herr, sie ist alt.
Mein Stammbaum reicht weit zurück
in das Land meiner Väter,
nach Asien.

Bin ich nicht
ein phantastischer Vogel
mit meinem weiten Schweif
und dem prächtigen Gefieder?

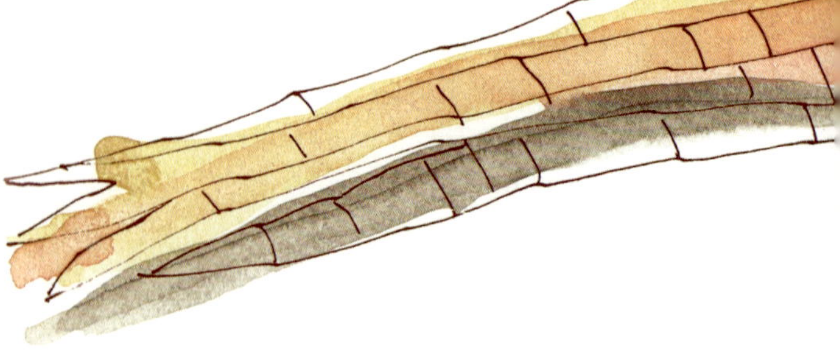

Ich verbinde überdies
Europa mit dem alten Asien.
Ich bin ein Kulturattaché
unter den Vögeln des Westens.
Uraltes Erbe – innen.
Berauschende Schönheit – außen.
Na, was sagst du nun, Herr.
Aber was sollst du schon sagen?
Du hast ja alles geschaffen.
Ich bin stolz auf meine Qualitäten.
Aber nur ein bißchen, Herr.

Doch sag' selbst:
Ob die Menschen mich deshalb
so gern jagen?
Sie legen es an auf
Schönheit und Würde.
Sie möchten so sein
wie ich.

Lehre sie den Adel des Herzens, Herr,
das Abc der Höflichkeit
und der Rücksicht.
Gib ihnen Einsicht und Kraft
bei allen Luftsprüngen
in die Zukunft!

Selbstbewußtsein ist gut, Herr,
vielleicht sogar notwendig.
Hingabe ist besser.
Denke an mich.

Amen

GEBET DES PIROLS

Herr,
ich bin ein »Süßer«.
Ja, wirklich!
Nicht nur meinem Aussehen nach,
mein kluger Blick verrät mich –
wie ich meine –
mit dem schmalen,
gut geformten Kopf,
mit dem goldgelben,
zarten Gefieder
und den dunkelbraunen,
breiten Schwanzfedern.
Herrlich! Du hast mich verwöhnt.
Ich bin ein Schönheits-König!
Und das ohne Fitness-Gerät.

Doch meine Zunge
liebt das Süße:
reife Kirschen, Himbeeren,
Brombeeren, Birnen
und so weiter.
Dafür fliege ich bis
ans Ende der Welt.
Und du weißt, das kann ich.

Von Finnland und Schweden
bis nach Afrika reicht
mein Atem.
Ein Mann von Welt!
Schau mich zweimal an! Bitte!
Aber das hast du nicht nötig.
Denn du bist mein Schöpfer.
Ein Gedanke,
ein Pfiff auf zwei Fingern –
und ich war –
so stelle ich mir das vor.

Fliegen nicht auch die Menschen
ins Weite – zu den Bahamas,
nach Hawaii, zur Insel Barbados,
nicht selten – ich sage es
hinter vorgehaltener Hand, Herr –
um des »süßen Lebens« willen!
Meine süße Leidenschaft
ist harmlos, aber aufwendig.
Ich vertreibe alle Mitesser
aus meinem Revier.
Ich bin schlicht gefräßig.

Jeder, der später kommt,
sieht, daß ich zuvor da war.
Ich lasse
meine Visitenkarte zurück:
den abgefressenen Kern am Stiel.
Ja, ganz wie die Menschen,

diese Freiluft-Konsumenten,
wenn sie einen Campingplatz
verlassen: Kübel von Abfall.

Aber den Unterschied
zwischen Mensch und Vogel
kennst du, Herr!
Schau mich an!
Ich habe keinen Vogel.
Ich bin dein
schöner, kleiner Vogel.

Amen

GEBET DES UHUS

Herr,
ich bin mit meinen
leuchtenden Augen in hellem Orange
der Größte unter meinen Artgenossen.

Warum sind wir
so selten geworden?
Warum weichen wir aus und fliehen?

Sind wir interessante Monstren,
weil wir nur nachts
auf die Jagd gehen und
deshalb die Menschen neugierig
nach uns suchen?
Tagsüber sitzen wir
still und unbeweglich
in unseren Felshöhlen
und Waldnestern.

Uhu!
Ein Begriff der Beständigkeit
und des festen Haltes.
Ja, den Uhu-Leim
kennen die Menschen besser als mich.

Die Werbung macht ja vor nichts halt,
auch nicht vor mir scheuem Geschöpf.

Einmal vertrieben –
durch Touristen etwa oder Holzfäller –
komme ich nicht so leicht zurück.
Ein billiges Wiedereinbürgerungsverfahren
nehme ich nicht so leicht an.
Ich gehe ihnen
nicht auf den Leim,
auch nicht auf den Uhu-Leim.
Ein Uhu hat auch seinen Stolz.

Was soll ich auch
in der Sensationslust der Menschen?
Schließlich gelte ich seit alters her
als Todesvogel,
der Unglück bringt und
Schlimmes ankündigt.
Uhu! Uhu!
Mein dunkler, unheimlicher Ruf
brachte mir meinen Namen.
Uhu!
Seit Jahrhunderten halten
mich die Völker auch für weise.
Also fort mit allen Komplexen!
»Oho! Denn ich bin
klug und weise!«
Operntöne aus
»Zar und Zimmermann.«

Du
durchschaust das Dunkle der Welt
und erkennst auch
mein friedliches Herz –
trotz meiner scharfen Krallen.
Uhu!
Das heißt in meinem Eulendialekt
– Originalton – Danke

Amen

GEBET DES DROSSELROHRSÄNGERS

Herr,
ich danke dir,
daß du mich als
Optimist
geschaffen hast,
mit Zirkusblut in
meinen Adern.

Ich niste
auf schwankendem, dünnem
Schilfrohr,
dicht am Wasser.
Aber nie gerate ich
in Depressionen,
nie kommt mir der Gedanke:
Ob das Wasser steigt?
Ob mein Haus auch hält?
Du hast es mir ja geschenkt.
Im Gegenteil!
Ich selbst steige mit
meinem luftigen Nest schneller
als das Wasser von unten;
denn du hast dem Schilf
ein flottes Wachsen geboten.

Warum also Angst?
Du hast für alles
eine Lösung.
Mein Leben
mitten im brausenden Auf und Ab
der Natur,
bewegt vom Wind,
ausgesetzt der Sonne und dem Regen,
mitten unter Schwimmwanzen
und Eintagsfliegen –
und die werden vor meiner Nase
gewiß zur Stundenfliege nur –
ja unter Gesumme und Gequake,
mitten unter all dieser Vielfalt
wird mein Leben zu
einem Karussell der Freude,
zu einer Drehscheibe voll
Farbe und Abwechslung.
Jede Drehung, ein neuer Blick!
Wunderbar! Und nie Langeweile!

Ich turne im Schilf
wie ein Trapezkünstler
in der Zirkuskuppel.
Bin ich nicht ein »moderner Vogel«?
Beweglich, kontaktfreudig,
gesellschaftsfähig.

Und singen kann ich
aus freier Brust,

daß den Fröschen bisweilen
die Schallblasen lahm bleiben,
aus Ehrfurcht – glaube ich.
Nicht aus Konkurrenzneid – hoffe ich –
Das wäre scheußlich. – Ich bin –
je länger, je lieber –
ein »lustiger Vogel«
aus Leidenschaft.

Herr,
ich danke dir,
daß ich mein Leben
leben darf
wie du es
dir ausgedacht hast.

Keine Frage!
Du bist der Beste!
Aber ich
komme bald danach.

Amen

GEBET DES SPERLINGS

Herr,
wir sind augenscheinlich
deine besonderen Lieblinge,
die Vögel,
die schon in der Bibel
lobend erwähnt sind,
die nicht säen und nicht ernten
und die du doch
in deiner großen Liebe satt machst.
Heilige Sorglosigkeit!
Uns hast du sie geradezu
ins Nest gelegt.

Tatsächlich, so ist es.
Jeder kennt uns,
wenn wir erscheinen,
in Gärten und Parks,
auf den Straßen und Dächern,
in den Wiesen und Feldern.
Überall, wo Menschen sind,
können wir nicht weit sein.
Ja, wir säen nicht,
aber wir ernten ohne Mühe –
wie von selbst.

Wir sind die natürlichen Mitesser
der Gesellschaft,
ein wenig aufdringlich, zugegeben.
»Freche Spatzen!« –
schimpfen die Menschen.
Aber sind sie nicht selbst
schuld an unserer Aufdringlichkeit?

Früher begnügten wir uns
mit den Pferdeäpfeln,
die wir leicht fanden
vor den Droschken und Bierkarren
der Städte.

»Die gute, alte Zeit!«
Sie ist vorüber.

Heute ist die Welt motorisiert.
Niemand denkt an die Spatzen.
Grausam, mit Spatzenaugen besehen.
So etwas nennt sich Fortschritt!

Aber du hast alles in
deiner Weisheit geordnet.
Du hast uns Appetit geschenkt
für alternative Speisen:
für Maikäfer und Blattläuse,
für Johannisbeeren und Kirschen,
Weintrauben und Pflaumen.
Beliebter hat uns das nicht gemacht.
Aber ich nenne das echten Fortschritt, Herr.
Sind diese Gaben der Natur
nicht auch hygienischer und
appetitlicher als die öden Pferdeäpfel?

Auch wenn die Menschen mehr wert sind
als wir alle zusammen –
du siehst, ich nehme die Bibel ernst

und mache demütig einen flotten Knicks –
du hast uns nicht vergessen.

Das bringt einen Silberstreifen Hoffnung
an den Horizont der Zukunft.

Ich danke dir
und wetze zugleich meinen Schnabel
für eine dicke Erdbeere.
Siehst du, Gefräßigkeit soll
das Zeichen meines Dankes sein.

Amen

GEBET DES BUNTSPECHTS

Ich bin
der Trommler vom Dienst, Herr.
Ein Wirbel
auf dem Stamm der Buche,
und alle Larven
laufen um ihre Leben.
Ich danke dir für mein spitzes Mundwerk.
Käfer und Wespen,
Heuschrecken und Holzwürmer
suchen sofort das Weite,
wenn sie meinen Trommelschlag hören,
erst recht,
wenn sie meinen bunten Frack
nur aus der Ferne sehen:
Schwarz-Weiß-Rot.

Ich bin kein Monarchist, Herr,
kein Kaisertreuer,
weil ich mich in den Farben
der Kaiserzeit bewege.

Ich bin ein Demokrat,
ein moderner Konservativer.
Ich gehe der Wirklichkeit auf den Grund,

ja, ich prüfe den Hintergrund.
Ich bin ein musikalischer Saubermann,
ein Hygieniker von deinen Gnaden.
Ping! Pong!
Pong! Pong! Ping!
Und schon rettet sich das kleine
Ungeziefer meiner Welt,
falls ich nicht schneller bin.

Ich danke dir, Herr,
von Afrika bis zum Polarkreis
erstreckt sich mein großes Revier,
baue ich mein Haus in
den Stamm meist morscher Bäume.

Lebe ich nicht einfach,
dazu der Natur nahe,
nur umgeben von Holz?
Eigentlich müßte ich doch
der Lieblingsvogel des
heiligen Josef sein.
Er ist der Holzfachmann
im Himmelreich,
nicht umsonst stets abgebildet
mit Hobel und Säge.

Haben wir Spechte
nicht eine große geistige Bandbreite?
Wir können mit unserem scharfen Schnabel
ein eigenes Parlament bilden.

Es gibt
den Schwarzspecht mit roter Haube –
gültig für die »linke Mitte«.
Sind wir nicht
auf der Höhe der Zeit?
Dazu kommt der Grünspecht
höchst aktuell!
Und da bin ich selbst
in Schwarz-Weiß-Rot,
glänzend geeignet für alle Programme.
Ansprechbar für typische Wechselwähler,
nicht wahr?
Aber du bist unser Herr und Ziel.
Wir trommeln auf dem Baum des Herzens
zu deiner Ehre.
Ping! Pong!
Das heißt in unserer Sprache:

Amen

GEBET DES STEINADLERS

Herr,
ich fühle mich als
Majestät der Lüfte und
Herrscher über alle Gebirge
der Länder und Weltteile.
Du hast mir
Königtum
ins Blut gesenkt.

Und wenn ich
mit meinen gewaltigen Schwingen,
den scharfen Augen und
mit meinen spitzkralligen Fängen
prüfend und schweigend
durch die Horizonte der Luft segle,
dann, Herr,
ducken sich viele Tiere
in Angst.

Du hast mich,
den Adler,
den Beherrscher der
Felsen, Klüfte und Täler,
zum Bild deiner unbesiegbaren,

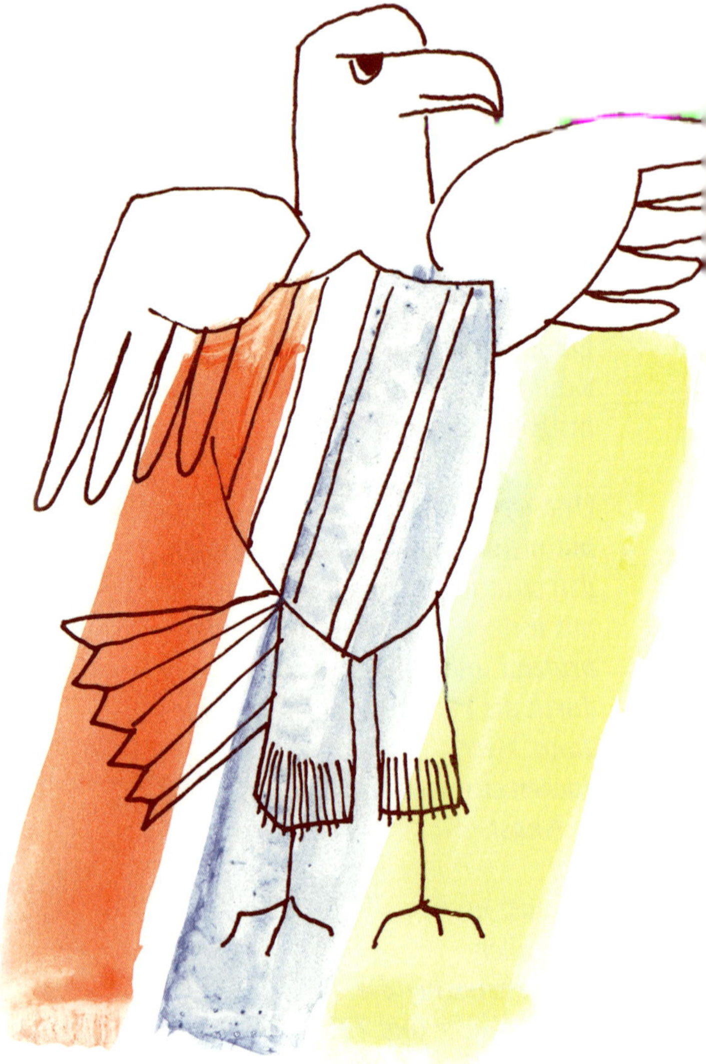

hoheitlichen Macht bestellt.
Ich danke dir.

Auf vielen Symbolen der Menschen,
auf Kronen und Münzen,
Wappen, Zeptern und Helmen,
in Stein, Holz und Email
ist mein Bild zu sehen,
als Sinnbild göttlicher Souveränität,
als Zeichen der Tapferkeit
und der Herrschaft.
Ich gelte als Abwehr des Bösen
und Retter des Guten,
als Aufstieg in die
unendlichen Höhen des Geistes.
Dort wird mich
dein Lieblingsjünger Johannes füttern,
dessen Wappentier ich bin.

Und doch bin ich selten geworden.
Darf ich lächelnd
dich bitten
für die Menschen,
die mich verehren und
jagen zugleich?

Gib ihnen
das Gespür für eigene Maße!
Laß sie nicht auftreten
in falscher Hoheit,

und nicht mit hocherhobenem Haupt
und mit geschwellter Brust
pathetische Reden halten,
wo eigentlich der gesenkte Kopf
und demütiges Schweigen
der Wahrheit mehr entsprächen.

Pathos, Herr,
Pathos ist doch die Kriechspur
der Wahrheit, nicht wahr?

Schenke ihnen
bei allem Forscherdrang –
du hast ihn geschenkt –
bei ihren großen Erkenntnissen
und bei dem hohen Niveau ihrer Erfolge
das feste Wissen um
deine unvergängliche Größe,
die weiter reicht
als der Stolz menschlicher Leistung.

Gib ihnen den Mut,
die Flügel ihres Lebens
nicht bei Mißerfolgen hängen zu lassen,
sondern laß sie frei und fröhlich
segeln ins Paradies –
wie mich
über Berg und Tal.

Amen

NACHWORT

Die sympathischste Art, fromm zu sein und zu beten, besteht vielleicht in der Haltung des Lächelns. Wer lächeln kann, gibt die Gaben, die Gott seinen Geschöpfen freigebig und in großer Liebe geschenkt hat, mit dem Widerschein dankbarer Freude zurück. Wer lächelt, sieht die Welt realistisch, so, wie sie ist, mit ihren Schönheiten und ihren Dunkelzonen. Aber er trägt in sich auch die optimistische Hoffnung, Gott habe sie sinnvoll auf ein Ziel hin geordnet. Diese Weltsicht verleiht eine wunderbare Anmut des Herzens und eine königliche Freiheit des Geistes.

Ein Sinnbild dieser Schönheit, Anmut und Freiheit mögen besonders die Vögel des Himmels sein. Sie bewegen sich in den Lüften, über Berg und Tal, an den Meeren und Flüssen, auf den Feldern und in den Wäldern der Erde. Sie überfliegen ganze Länder und Erdteile, wenn die Zeit des Abschieds gekommen ist. Denn sie tragen in sich den sicheren Instinkt, daß kein irdischer Zustand ewig bleibt, sondern alle Verhältnisse des Lebens von gleitender Natur sind. Sie machen sich unverzüglich auf den Weg, wenn eine »innere Stimme« sie dazu ermuntert, und sie werden damit für alle Geschöpfe Gottes zum Zeichen des Unterwegsseins und des glücklichen Ankommens.

Es gibt Raubvögel und Singvögel, solche in großer Freiheit und andere, die von den Menschen in Käfigen, in »Volieren«, gehalten werden. – Es ist erstaunlich, wieviel Ähnlichkeit sie mit den Menschen haben: Sie singen und trauern, sie machen sich auf den Weg, nehmen Abschied und sterben. Sie stellen Ansprüche und sind auch mit dem Geringsten zufrieden. Sie entwickeln Selbstbewußtsein und verhalten sich ängstlich. Sie bauen Nester als beständen diese auf Dauer, ja sie kehren sogar in diese mit Fleiß gefertigten Behausungen nach einem warmen Winteraufenthalt im fernen Süden zurück, instinktsicher fast wie unter wehmütiger Sehnsucht. Die meisten Vögel haben somit etwas Beharrendes in sich. Sie leben anscheinend nach einer Gesetzesnorm, die tief in ihnen verankert ist. Und doch sind sie lebendig. Sie flattern und flirren nach bunter Vielfalt. Sie singen ihre ganz persönlichen Lieder und lieben ihre Auftritte. Sie sind nie einseitig, sondern offenbaren ein tolles, vielseitiges Spektrum an Begabung und Verhalten.

Es gibt Vögel in einem schlichten, unscheinbaren Kleid, und Erscheinungen voll grandioser, farbiger Schönheit, erhabener Majestät oder auch aparter Seltsamkeit.

Die Menschen erinnern oft in ihren Redensarten des Alltags an die Welt der Vögel. Sie sprechen von »lockeren«, von »seltsamen«, von »lustigen«, von »linken« Vögeln. Sie scherzen gern in der Vogelsprache und sagen lachend von einem Zeitgenossen, den sie nicht auf der Höhe der Zeit und ihres Wissens wähnen, und den sie vielleicht auch nicht ganz für voll nehmen: »Bei dem piept es.«

Die Vögel dieses Buches beten ihr Leben – »jenseits Eden«, also in dieser modernen Welt heute, die keineswegs in allen Bereichen heil genannt werden kann. Aber diese Vögel lassen durchscheinen, daß sie sich nicht allein fühlen auf dieser Welt, sondern sich in einem herzlichen Lebenskontakt zur gesamten

Schöpfung und besonders zu den Menschen sehen. Das macht ihre Würde, aber auch ihre Anmut und Lebendigkeit aus. Sie treten so auf, daß Freude als Grundzug ihres Wesens durchschimmert. Sie nehmen sich nie so ernst. Das macht sie sympathisch, und gerade das erhöht den Reiz, sich mit ihnen identifizieren zu wollen.

Natürlich könnten die Leser vom Autor auch sagen: »Der hat einen Vogel!« Sie mögen recht haben. Aber einen fröhlichen und schönen. Ist das nicht sogar lobenswert in einer Zeit, die vielen Menschen dunkel vorkommt?

Drutmar Cremer

AUTOR UND ILLUSTRATOR

Beide sind Benediktiner.
Pater Drutmar Cremer, geb. 1930 in Koblenz, lebt in der Benediktinerabtei Maria Laach und leitet seit 1971 die Kunstwerkstätten und den Kunstverlag in Maria Laach. Er ist Autor vieler Bücher.

Pater Polykarp Uehlein, geb. 1931 in Amorbach, ist Mönch der Abtei Münsterschwarzach und lebt seit 1963 als Missionar in Tanzania. Er arbeitet als Künstler und hat in Europa und in Afrika viele Kirchen und Kapellen ausgemalt. Bekannt auch durch Buchillustrationen.

INHALT

1. Auflage 1.–6. Tausend, Juni 1988
2. Auflage 7.–10. Tausend, Dezember 1988
3. Auflage 11.–16. Tausend, April 1990
4. Auflage 17.–19. Tausend, September 1993
5. Auflage 20.–22. Tausend, Februar 1996
6. Auflage 23.–25. Tausend, April 1998
7. Auflage 26.–27. Tausend, März 1998
8. Auflage 28.–30. Tausend, Juli 2005
9. Auflage 31.–32. Tausend, August 2014
(Erstmals kolorierte Fassung)

Herstellung: Beuroner Kunstverlag, Beuron.

ISBN 978-3-87071-053-8